Simplemente Ciencia

Máquinas sencillas

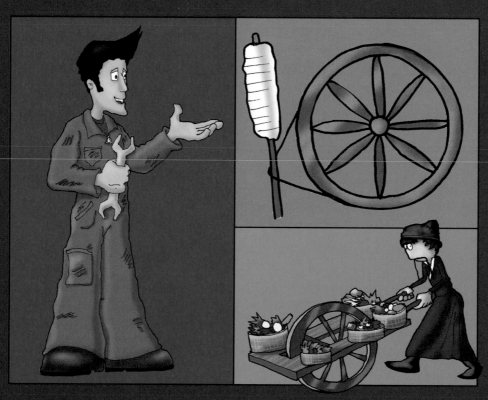

Steve Way y Gerry Bailey

Ilustraciones: Steve Boulter y Xact Studio

Gráficos: Karen Radford

everest

Máquinas sencillas

Contenidos

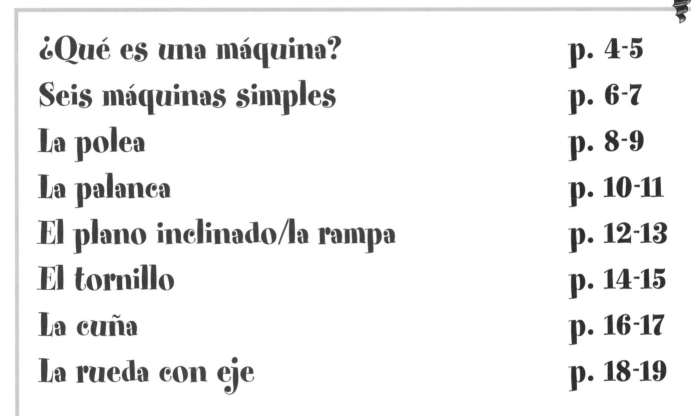

¿Qué es una máquina?

Las máquinas son cosas...

que **golpetean**
y **traquetean**
y **chirrían**
y **sisean**
y **giran**
y **bailotean**

La enorme grúa de la derecha se compone de una polea y una palanca.

...y mucho más.

Las máquinas están por todas partes y, aunque con ruidos, nos facilitan la vida.

Muchas parecen complicadas pero, en realidad, se componen de varias máquinas sencillas que trabajan en equipo.

Una máquina puede ser tan simple como un cuchillo. Puede constar solo de una parte, como el martillo o el sacacorchos, o de varias que trabajan juntas. Muchas de las más sencillas se llaman herramientas.

Vamos a estudiar mejor las máquinas simples...

4

Seis máquinas simples

¿Sabías que solo hay seis máquinas simples? Pues así es. Y todas trabajan de forma distinta. Algunas mueven o nos ayudan a mover, y otras nos facilitan la elevación o el empuje.

Algunas máquinas simples, como la palanca, constan de una única parte móvil. Cuando usas una palanca, por ejemplo una barra de hierro, para mover algo pesado, solo necesitas meter uno de sus extremos bajo el objeto y empujar el otro extremo hacia abajo. ¡Y listo! El objeto se levanta.

El doble de sencillo

Otras máquinas simples se componen de dos o más partes. Una rueda con eje consta de una rueda y una barra que pasa por su centro. La rueda con eje nos ayuda a desplazarnos y a transportar cargas.

Hay seis tipos de máquinas simples:

1. La **polea** ayuda a elevar cargas.

2. La **palanca** ayuda a levantar o mover cosas.

3. La **rampa** ayuda a deslizar objetos hacia arriba o hacia abajo.

4. El **tornillo** gira y eleva.

5. La **cuña** corta y rompe.

6. La **rueda** y el **eje** facilitan el transporte de cargas.

Una polea para levantar una estatua

1. Antiguamente era difícil levantar un objeto pesado para colocarlo en otro lugar porque no existían las máquinas actuales (las grúas o las carretillas elevadoras, por ejemplo).

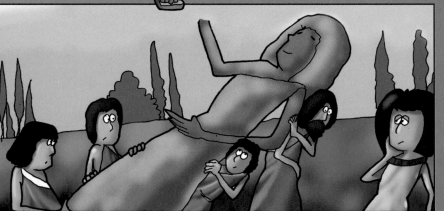

2. Se podía hacer a base de músculo, claro, con mucha gente esforzándose a la vez...

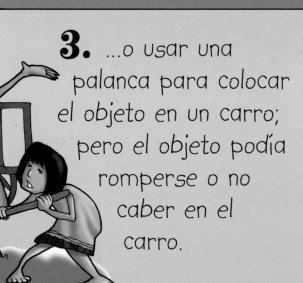

3. ...o usar una palanca para colocar el objeto en un carro; pero el objeto podía romperse o no caber en el carro.

4. Era mejor echar una cuerda *sobre la rama de un árbol* y mover el objeto con la cuerda.

5. Para que esta se *deslizara con facilidad*, se sujetaba a la rama una rueda acanalada. La cuerda pasaba por la ranura, o garganta, de la rueda y uno de sus extremos se ataba al objeto.

6. Luego se tiraba del otro extremo. La polea ayudaba a levantar la carga porque la rueda *sostenía el peso* y lo *repartía por la longitud de la* cuerda. La carga ya podía subirse al carro sin problemas.

La polea

La polea es una máquina simple compuesta por una rueda, un eje y una cuerda.

La rueda tiene una ranura en el contorno por donde pasa la cuerda. El eje sostiene la rueda y permite que gire. Algunas cuerdas son corrientes (de hilo), pero para trabajos pesados deben ser de acero. Un extremo de la cuerda se ata al objeto que hay que levantar. Con el otro se tira del objeto.

El tirón se llama fuerza o esfuerzo.

El objeto que quieres levantar se llama carga.

La palanca

La palanca es una máquina simple que sirve para levantar o mover objetos pesados.

Los antiguos egipcios sabíamos utilizar la palanca.

Puede ser una barra o algo plano como un tablón; esta parte se llama brazo. La palanca consta además de un punto de apoyo, llamado fulcro, en el centro o en un extremo.

Una palanca para sacar agua

1. El río Nilo, que atraviesa gran parte de Egipto, suministra agua a los campos cercanos. Los antiguos egipcios sacaban el agua con palancas.

2. Cuando el nivel del agua bajaba, el granjero no la podía recoger. ¿Qué solución había?

La potencia de la palanca

La palanca tiene tres partes: el brazo, el fulcro y la carga. Mira al hombre que sube agua con una palanca. ¿Ves las partes de que consta? Como todas las máquinas, la palanca solo funciona si se le aplica una fuerza. ¿Quién se la está aplicando?

La piedra que está bajo el tablón es el fulcro.

El hombre proporciona el esfuerzo.

El tablón es el brazo.

El agua del cubo se llama carga.

3. Debía sumergir un cubo en el agua y subirlo. ¿Qué podía facilitarle esta tarea?

4. Usó una palanca con un fulcro centrado y elevado, y colgó el cubo en un extremo del brazo. En el otro extremo colocó un peso, y con este y la fuerza muscular subía la carga.

Una rampa para construir un monumento

1. Al constructor de monumentos se le había ocurrido un diseño estupendo pero, para hacerlo realidad, debía colocar grandes bloques de piedra sobre altos pilares ya erectos.

2. Es decir, debía subir esos bloques a gran altura. ¿Cómo podía hacerlo? Aunque todos los constructores formaran una pirámide humana, no llegaban.

3. Y los bloques pesaban demasiado para que su equipo los levantara.

4. Entonces se le ocurrió una idea: deslizarlos por una cuesta.

5. Hizo una rampa, apilando tierra contra los pilares erectos, y así su equipo pudo empujar y tirar de los bloques poco a poco hasta alcanzar la altura precisa.

El plano inclinado

La rampa se llama también plano inclinado, es decir, una superficie plana y en pendiente. La rampa es una máquina simple que nos ayuda a subir cosas.

Subir algo muy pesado es difícil. La rampa lo simplifica ya que permite deslizar por ella el objeto a lo largo y hacia arriba poco a poco hasta alcanzar la altura deseada.

Los amantes del monopatín o patineta se ejercitan en una rampa doble llamada medio tubo. Bajan deslizándose por una de las pendientes y suben como centellas por la otra.

El tornillo

El tornillo es una máquina simple que utiliza la fuerza del giro para elevar cosas, como agua. También sirve para unir objetos.

La forma del tornillo es cilíndrica, pero su superficie no es lisa, sino que está recorrida por un saliente en espiral llamado filete. El filete actúa como una rampa.

Un tornillo que sube agua

1. Arquímedes miraba cómo los hombres llenaban sus cubos con agua para llevarlos a las acequias.

2. Las cosechas se secaban, ya que regarlas con este sistema era muy lento. Arquímedes pensó que debía de haber un modo mejor de suministrar agua a las sedientas plantas.

El tornillo de Arquímedes

Arquímedes fue un matemático griego que vivió hace unos 2000 años. Trabajó en Egipto, donde inventó este tornillo, quizá para elevar agua. Desde entonces, los tornillos de esta clase se llaman de Arquímedes.

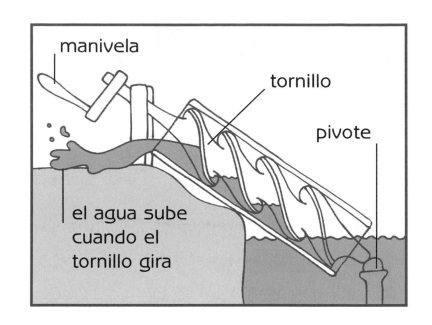

manivela

tornillo

pivote

el agua sube cuando el tornillo gira

3. Sabía que muchos granjeros de Egipto usaban el tradicional *shaduf*: la máquina elevadora de agua basada en la polea, pero incluso así era pesado ¡y *se* tardaba una eternidad! Entonces recordó el tornillo. Su filete equivalía a un larga rampa retorcida, una especie de escalera de caracol.

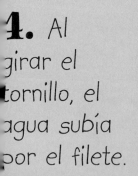

4. Al girar el tornillo, el agua subía por el filete.

5. Arquímedes cubrió el tornillo con una tubería y lo giró una y otra vez para suministrar agua a los campos.

La cuña

La cuña es una máquina simple que sirve para cortar o romper cosas. El cuchillo es un tipo de cuña, y también lo son el hacha o la punta afilada de una lanza.

La cuña se hace afilando el extremo de una pieza de material duro, como hierro, acero o madera muy fuerte. Eso proporciona un borde agudo, u hoja, que sirve para partir o hender. La fuerza aplicada a la hoja de un hacha, por ejemplo, corta la madera.

Con cartulina y pinturas, puedes hacer puntas de flecha como estas.

Una cuña para cazar leones

1. El aldeano era desdichado. En el bosque había un león que cazaba los animales salvajes de los contornos.

2. Esos animales servían de alimento al aldeano, que los capturaba hostigándolos para que cayeran en un pozo o a un precipicio.

3. El aldeano necesitaba un arma para dar caza al león, pero, ¿qué podía amedrentar a una bestia así?

4. Tuvo que afilar una piedra dura y hacer una hoja capaz de cortar la piel del animal.

5. Después, para disponer de un arma arrojadiza, sujetó la afilada cuña a un palo largo. Ya estaba listo para cazar.

La rueda con eje

La rueda con eje es una máquina simple que permite el giro libre de una rueda sujeta a otro objeto, como un carro o un torno de hilar.

Consta de una rueda con un agujero en su pieza central, o cubo. La barra que encaja en el agujero del cubo es el eje.

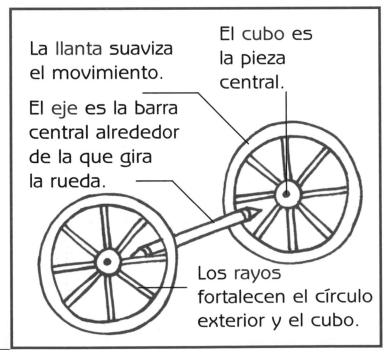

La llanta suaviza el movimiento.

El cubo es la pieza central.

El eje es la barra central alrededor de la que gira la rueda.

Los rayos fortalecen el círculo exterior y el cubo.

1. Hace mucho tiempo las señoras solían hacer hilo con la lana que se esquilaba a las ovejas, pero esa lana se rompía.

2. Había que lavarla y peinarla (cardarla).

3. Además había que reducirla a un hilo, hilarla, ¡y era difícil!

Una rueda con eje para girar hilo

4. Hacían falta montones de ovillos para tejer una simple toga.

5. Y el método tradicional de girar el huso a mano era muy cansado.

6. ¿Se podría mover el huso con una rueda en lugar de con la mano?

7. Sí, y la rueda se conectó a un pedal; así, al pedalear, el huso giraba muy deprisa.

Para hacer un trabajo, como reparar un coche, solemos utilizar muchas máquinas simples a la vez.

Los mecánicos de este taller están usando una cuña, una polea, una rampa, una rueda con eje y una palanca.

¿Ves cuáles son y en qué ayudan a los mecánicos?

Con la polea, una o dos personas pueden sacar el pesado motor del coche.

¿Te imaginas un coche sin ruedas? No llegaría muy lejos.

La rampa es un plano inclinado. Aquí sirve para levantar el coche.

Los tornillos sirven para sujetar bien el tubo de escape.

Con una palanca acabada en cuña, se pueden extraer las ruedas.

¿Con qué funcionan las máquinas?

Para que una máquina haga su trabajo tiene que moverse, y no se moverá si no se le suministra **energía**. Eso es lo que necesitan las máquinas, simples o no, para funcionar.

Al igual que tú, las máquinas necesitan energía. Esa energía se obtiene de fuentes como petróleo, carbón, gas natural, alimentos y tú mismo.

El fuelle consta de dos palancas que trabajan a la vez. El aire que expulsa sirve para avivar el fuego.

Este ciclista pedalea para que las ruedas giren. Muchas máquinas solo funcionan cuando **tú** aplicas la energía que necesitan.

Energía que alimenta

La potencia es la cantidad de trabajo que realiza una máquina por unidad de tiempo. Y la energía es lo que necesita la máquina para hacer ese trabajo. El agua y el viento son algunas de las fuentes de las llamadas energías renovables.

energía de un combustible

energía humana

energía del vapor

energía eléctrica

energía de un muelle

energía eólica

energía hidráulica

Las máquinas se mueven de muchas maneras distintas, pero todas necesitan una fuente de energía para trabajar.

Máquinas sencillas del hogar

Nos parecen tan sencillas que olvidamos la importancia de las máquinas y las herramientas simples; pero estamos en deuda con las inteligentes personas que las inventaron, porque nos facilitan muchísimo la vida. ¡Hasta en casa nos ayudan a descansar!

Las tareas imposibles de hacer o que había que hacer entre muchos, ya pueden hacerlas unos pocos, ¡o hasta uno solo!

Las rampas son planos inclinados que pueden facilitarnos el acceso a nuestra vivienda.

Los tornillos, las tuercas y los pernos nos sirven para hacer muebles, colgar cuadros en las paredes o unir cosas.

El picaporte es una combinación de palanca y rueda con eje.

Los cuchillos y los tenedores son cuñas que nos ayudan a comer.

Este tipo de cerrojo consta de dos palancas que trabajan juntas.

Dos máquinas unidas

A veces, como sucede con los ojos, ¡dos máquinas simples son mejor que una!

Suele ocurrir que las máquinas más útiles, como las tijeras, constan de dos simples que trabajan juntas, realizando su tarea en equipo.

El sacacorchos

Este sacacorchos consta de dos palancas unidas a un tornillo. Cuando se gira, el tornillo se introduce en el corcho, y al bajar las palancas, el corcho sube. Cuando se bajan las palancas, ellas tiran del tornillo y descorchan la botella.

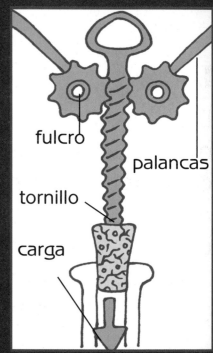

fulcro

palancas

tornillo

carga

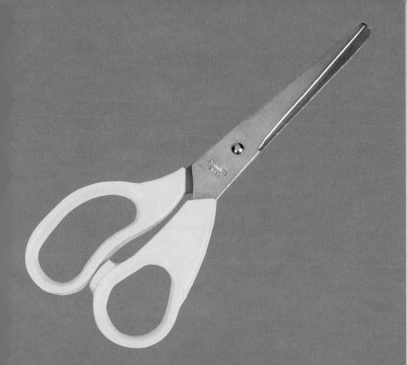

Las tijeras

Las tijeras constan de dos máquinas simples, ya que cada hoja es una cuña. Ambas cuñas juntas forman una palanca. La acción de la palanca proporciona más potencia de corte.

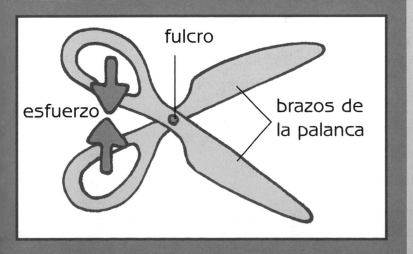

fulcro

esfuerzo

brazos de la palanca

La carretilla

La parte de rueda con eje de la carretilla hace que esta máquina sea fácil de empujar. El cajón y las varas están unidos al eje para conformar una palanca, con lo que elevar la carga es también más sencillo.

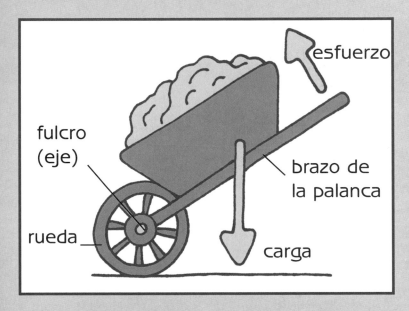

esfuerzo

fulcro (eje)

brazo de la palanca

rueda

carga

Diversión con máquinas sencillas

Además de simplificar las tareas, las máquinas sencillas nos entretienen. He aquí algunas de las cosas divertidas que nos permiten hacer.

Caña de pescar

La caña se sirve de una rueda con eje llamada carrete en la que se enrolla el sedal o línea. También actúa como un tipo de polea, cuando el sedal se recoge.

Monopatín o patineta

El monopatín y la tabla de nieve no serían tan divertidos si solo pudieras deslizarte por una superficie plana. El plano inclinado permite bajar a toda velocidad por pendientes y subirlas zumbando, con piruetas y acrobacias.

Una palanca para lanzar objetos

Hasta nuestro cuerpo dispone de máquinas simples para moverse. Cuando lanzas un balón, tu codo y tu muñeca actúan como palancas que trabajan gracias a los músculos. Por supuesto, cuanto más fuerte estés, más energía tendrás para alimentar tus palancas.

Frenos de bicicleta

Los frenos de la bicicleta funcionan gracias a la palanca del manillar. Imagina lo difícil que sería accionar el freno con las manos ¡y sin dejar de conducir!

Arco y flecha

La punta de la flecha que dispara un arquero es, en realidad, una cuña muy afilada que se clava sin problemas en el blanco.

Ruedas

Las ruedas fueron un gran invento, porque simplifican el transporte. Pero también porque permiten hacer cosas divertidas, como carreras de vehículos de dos o cuatro ruedas.

Prueba de máquinas

1. ¿Qué otro nombre recibe el plano inclinado?

_____

2. ¿Qué máquina simple inventó Arquímedes?

_____

3. ¿Cómo se llama al objeto que se eleva con
la polea?

_____

4. Para talar un árbol, ¿qué usarías?, ¿una polea
o una cuña?

_____

5. ¿Cómo se llama el apoyo sobre el que gira
el brazo de la palanca?

_____

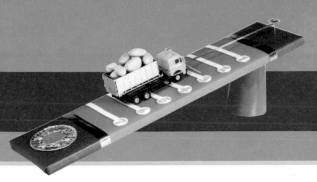

6. Hasta que se inventó el torno de hilar, ¿cómo se giraba el huso?

_____

7. ¿Qué se debe aplicar a las máquinas para que funcionen?

_____

8. ¿Cuántas máquinas simples componen la carretilla?

_____

9. ¿Qué clase de máquina simple es un picaporte?

_____

10. ¿Recuerdas dos tipos de fuentes de energías renovables?

_____

1. Rampa 2. El tornillo de Arquímedes 3. Carga 4. Una cuña 5. Fulcro 6. A mano 7. Energía 8. Dos 9. Una rueda con eje 10. El viento y el agua

Índice